"最美奋斗者"品德教育系列

沙海中的"红柳爷爷"
刘铭庭

郑安格/著　程云飞/绘

海豚出版社
DOLPHIN BOOKS
中国国际传播集团

幸福源自奋斗

一个人的一生应当怎样度过？

也许这个问题对小朋友们来说还有点遥远，但是有很多人终其一生都在追寻这个问题的答案。小朋友们不妨现在就想想，这一辈子你要如何度过呢？

相信《"最美奋斗者"品德教育系列》能给小朋友们带来启发。

2019年，为隆重庆祝新中国成立七十周年，学习英雄事迹、弘扬奋斗精神、培育时代新人，中共中央宣传部等评选表彰了新中国成立以来涌现的英雄模范，授予他们"最美奋斗者"称号，并开展"最美奋斗者"学习宣传活动。

"最美奋斗者"这份沉甸甸的名单，涵盖各个历史时期在各地区、各行业、各领域中脱颖而出的先进模范，既有黄继光、邱少云、王进喜、雷锋、焦裕禄、孔繁森这些耳熟能详的名字，也有钟南山、袁隆平、黄大年、南仁东、李保国等新时代的楷模。

他们是不懈的奋斗者、开拓者，是幸福生活的创造者、守护者。他们用智慧和汗水，甚至用鲜血和生命，为国家富强、民族振兴、人民幸福书写了可歌可泣的壮丽篇章，在平凡的岗位上作出了不平凡的业绩。他们是国家的脊梁、民族的英雄、时代的楷模，值得我们永远铭记。

幸福都是奋斗出来的，只有奋斗的人生才称得上是幸福的人生。希望通过这套图书，小朋友们能感受到英雄们那种昂扬向上的奋斗精神，树立正确的世界观、人生观、价值观，在"最美奋斗者"的陪伴下扣好人生的第一粒扣子！

《"最美奋斗者"品德教育系列》编委会

2021年3月

　　许多年后,面对着已经是一片绿洲的家园,我依然会伸展开不再挺拔的枝干,回忆起那一天,与那个人第一次相遇的画面。

那一天,在呼啸的漫天黄沙里,他正逆着风大步向前,仿佛在追逐着什么。

自打有记忆起,每天一睁眼,怒吼的狂风就卷着漫天黄沙掠过身旁。远方无边无际的沙丘像是长了脚,跟着风四处绵延流动。这就是我的家,新疆塔克拉玛干沙漠。它还有一个别称:死亡之海。

而抬头看到我的那一刻,那个人猛地停下脚步,深一脚浅一脚地爬上沙丘,冲到了我面前。他眼中闪烁着喜悦的光芒,深情地唤着我:"红柳!"

后来，我知道了他的名字——刘铭庭，也渐渐跟他熟悉，听到了关于他的故事。

那时的他还是个年轻小伙子，刚从兰州大学生物系植物专业毕业不久，是中国科学院组织的塔克拉玛干科学考察队的一名队员。听说他明明有去沿海城市工作的机会，可不知怎么偏偏选了新疆来跟风沙打交道。

他告诉我，塔克拉玛干沙漠近些年一直在扩大，当地乡亲们的生活十分困苦，而我们大漠红柳家族是防风固沙的关键。

可大漠红柳居然没有一种是中国人命名的！看着那一长串外国名字，他实在咽不下这口气，便毫不犹豫地选定了我们家族，作为一生追逐的研究对象。

当时的大学生毕业还是国家分配工作,别人都想往有山有水的好地方去,可他毕业前给高教部写了封信,主动提出到一年风沙不歇的边疆来!那年,他才24岁。

塔克拉玛干沙漠环境差得很，车开不进去不说，还特别容易迷失方向。可他一点儿也不怕，带上指南针、水和干馍，一口气直奔沙漠。那时的他还是个没经验的新手。

有一天才下过雨，沙子表面凉凉的。吃过早饭，他和考察队的同伴光脚就往沙漠里走。结果没想到十点钟以后太阳出来了，沙子被晒得越来越烫。

光脚的他们不得不走两步就跪下来,翘起脚来凉一下再接着走,最后实在没办法,把采土壤的布袋子往脚上一套,扭头就往回跑。一想到那个画面,我就忍不住笑得全身的枝条都在抖。

后来我才知道,他之所以见到我时那么激动,是因为我的枝条不仅比他见过的其他红柳细,而且又硬又干,最主要的是叶子不一样,细细长长的,像针一样。原来,看起来毫不起眼的我,竟然是红柳家族珍贵的新品种,在以后塔克拉玛干的防风治沙中能够发挥很大的作用!

他对着我没日没夜地研究了好长一段时间,对于我的一切都了如指掌。光是为我写的文章和书,就叠了厚厚的一大摞。

那些日子里，为了我们大漠红柳家族的育苗和造林，他反反复复地试验，把根深深地扎入到沙海里。终于，功夫不负有心人，他竟然把红柳育种、产苗量从每亩5万株提高到50万株，比当时一直处于领先地位的苏联高出6倍，全世界都震惊了！

到了 1978 年，学术界终于给了我一个响当当的名字："塔克拉玛干柽柳"。听说我与胡杨、梭梭齐名，并称中国三大荒漠林树种。

柽柳

梭梭

哈哈,不得不说,我还有点小骄傲呢!

胡杨

后来,他和同事们又发现了很多个我们红柳家族的新品种,他也成了这个领域公认的权威。联合国环境规划署还送他个尊称:"刘红柳"。可他并不满足,依然整天步履匆匆,好像在追逐着什么。原来,他更放心不下的,是边疆的乡亲们。

他拿自己的钱去资助贫困孩子，给农民们理发、修表、修鞋……可治标不治本，怎样才能让他们过上更好的生活？

25

有一天,他看见我身边长着一种奇形怪状的植物,笑容一下子绽开了花。他告诉我,那是一种珍贵的药材,学名肉苁蓉,又叫大芸。乡亲们的好日子终于要来了!

《本经》记载,大芸是大补之药。历史上它被西域各国作为上贡朝廷的珍品,有"沙漠人参"的美誉。现代研究发现,大芸具有增强记忆、强壮身体、抗疲劳等作用。

他不仅成了种植红柳和大芸的专家,还带头办起了大芸种植场,手把手地把技术教给农民们。

在他的带动下,家家户户的田地里,大大小小的大芸躺在地面上晒太阳,房子也越盖越漂亮。而他却变得比农民更像个农民,皮肤也又黑又糙,让人几乎忘了,他是个科学家。

他的头发已经被岁月染成了银色，但眼中的光芒，与多年前我第一次见到他时一样耀眼。那一刻我终于看清，他一生都在追逐的到底是什么。是红，是那连天的红柳，是那火红的热血，更是一颗深爱着边疆、深爱着祖国的红彤彤的心。